Pierre Stutz

Vertrauenstüren öffnen

topos taschenbücher, Band 1035
Eine Produktion des Matthias Grünewald Verlags

Regula Horcher gewidmet,
in herzlicher Dankbarkeit

Pierre Stutz

Vertrauenstüren öffnen

topos taschenbücher

Verlagsgemeinschaft topos plus
Butzon & Bercker, Kevelaer
Don Bosco, München
Echter, Würzburg
Lahn-Verlag, Kevelaer
Matthias-Grünewald-Verlag, Ostfildern
Paulusverlag, Freiburg (Schweiz)
Verlag Friedrich Pustet, Regensburg
Tyrolia, Innsbruck

Eine Initiative der
Verlagsgruppe engagement

www.topos-taschenbuecher.de

Bibliografische Information der Deutschen Nationalbibliothek
Die Deutsche Nationalbibliothek verzeichnet diese Publikation in der Deutschen Nationalbibliografie; detaillierte bibliografische Daten sind im Internet über http://dnb.d-nb.de abrufbar.

ISBN 978-3-8367-1035-0
Ebook (PDF): 978-3-8367-5033-2
ePub: 978-3-8367-6033-1

2016 Verlagsgemeinschaft topos plus, Kevelaer

Einband- und Reihengestaltung: Finken & Bumiller, Stuttgart
Herstellung: Friedrich Pustet, Regensburg
Printed in Germany

Inhalt

Zur Einstimmung

„Wenn ich nur mehr vertrauen könnte ...“, heißt ein Gedanke, den ich oft höre im Begleiten von Menschen auf ihrem spirituellen Weg. Er ist auch mir vertraut, weil mir das Selbstvertrauen nicht in die Wiege gelegt worden ist. Ich habe sehr lange gebraucht, um dem Leben zu trauen. Es war für mich eine Befreiung, als ich mit 40 Jahren entdeckt habe, dass Selbstvertrauen und Gottvertrauen eng miteinander verwoben sind. Sie verwirklichen sich im Vertrauen in das Gute im Menschen und im Einsatz für die Menschenrechte. Nicht ein für alle Mal, sondern jeden Tag neu. Seinem ureigenen Weg zu trauen und ihn Schritt für Schritt zu gehen, um sich nicht verbiegen zu lassen, ist mir zu meinem Lebensthema geworden. Ich umschreibe es mit dem Glück der Unvollkommenheit. Achtsam wahrnehmen, was jetzt schon da ist, um nicht fixiert zu bleiben auf all das, was noch mehr entfaltet werden möchte und kann, lässt mich immer wieder neue Vertrauenstüren entdecken und öffnen in meinem Unterwegssein. Diese Perspektive beginnt mit der Achtsamkeit und sie verstärkt sich im vertrauensvollen Annehmen, ein Leben lang unvollkommen bleiben zu dürfen, kraftvoll und verletzlich.

Was für eine Wohltat, als ich kürzlich in einem Zeitungsinterview las, dass Jon Kabbat-Zinn (* 1944), der bekannte Förderer einer Achtsamkeitspraxis in Medizin und Gesellschaft, gestressten Menschen empfiehlt, beim Duschen wirklich nur zu duschen, um mit Vertrauen sich den Herausforderungen des Tages stellen zu können. Völlig banal?! Genau diese Vertrauenstür habe ich vor drei Jahren geöffnet, als mir auf einmal auffiel, dass ich während des Duschens schon die kommenden Tage und Wochen programmiere!! Seither versuche ich, beim Duschen gegenwärtig zu sein, damit diese unscheinbare Gewohnheit zur Meditation wird. Ich versuche, achtsam präsent zu sein, das Fließen des Wassers zu genießen, mich zu entspannen, mir diese Wohltat zu gönnen und zu danken für das Geschenk des Lebens. Was ich nun so locker beschreiben kann, ist im konkreten Alltag viel schwieriger, weil meine jahrelange Konditionierung in meinem Verhalten gespeichert ist und es wieder Tage gibt, in denen ich beim Duschen unbewusst Sorgen hochrechne, die oft gar nicht eintreffen. Vertrauen zu wagen im Leben, hat viel mit dieser alltäglichen Erkenntnis zu tun. Ich übe – ohne Leistungsdruck –, achtsam und entspannt zu duschen und ich bewerte und verurteile mich nicht, wenn ich mich ertappe, wieder in meinen alten Mustern stecken geblieben zu sein. Natürlich freue ich mich auch, wenn mir beim Duschen geniale Ideen zufallen ... Befreiend war das Interview mit Jon Kabbat-Zinn, weil die Journalistin ihn am Schluss fragte, ob ihm als großer Meister der Achtsamkeit diese Präsenz beim Duschen auch gelinge. Er antwortete authentisch: „Immer mehr!"

Diese entschiedene und entlastende Grundhaltung zieht sich wie ein Vertrauensfaden durch die vielen kleinen Texte dieses Taschenbuches, die mehrheitlich in den Jahren 2005–2010 in der spirituellen Fotozeitschrift „ferment" erschienen sind. Sie möchten ermutigen, das große Wort „V-e-r-t-r-a-u-e-n" im Alltag buchstabieren zu dürfen. Als Chance, erahnen zu können, dass sich durch eine achtsame Verwurzelung im Urgrund der Liebe Selbstwerdung und Solidarität entfalten können. Als Einladung, wohlwollend mit den eigenen Widersprüchlichkeiten und der eigenen Zerbrechlichkeit umgehen zu können. So sind Mitgefühl und Lebensfreude, Dankbarkeit und Verunsicherung, Vertrauen und Zweifeln keine Gegensätze mehr, sondern vielfältige Zugänge zu einem vertrauensvollen Unterwegssein.

Lausanne, 17. Januar 2016 *Pierre Stutz*

Achtsamkeit fördern

Achtsame Menschen

Achtsamkeit ist eine spirituelle Grundhaltung.
Es ist keine Methode, um perfekt zu werden.
Achtsame Frauen und Männer nehmen immer wieder wahr, was jetzt ist, ohne es immer schon bewerten zu müssen.
Aufmerksame Menschen suchen in all ihren Lebensvollzügen eine göttliche Spur.
Achtsame Menschen begegnen sich selbst und anderen mit Wohlwollen.

Achtsam meine Kraft, meine Verletzlichkeit, meine Dankbarkeit, meine Empörung wahrnehmen, in der Erinnerung, dass all meine Gefühle immer nur ein Teil von mir sind, ist kein Sonntagsspaziergang. Es heißt, ein Leben lang anzunehmen, dass eine gesunde Spiritualität nie zu haben ist, sondern immer im Werden.

Achtsame Menschen staunen jeden Tag neu, wie viel Wunderbares uns mitten im Alltag entgegenkommen kann.

Achtsam
mitten im Leben stehen
aufmerksam
zwischen Erde und Himmel

Achtsam
ankommen im Augen-Blick
aufmerksam
Kraft aus der Mitte schöpfen

Achtsam
zu mir stehen
gerade stehen für mein Leben
meinen Standpunkt einbringen

Achtsam
mich auf den Weg machen
gemeinsam Schritt für Schritt
Frieden in Gerechtigkeit fördern

Sich aufrichten

Langsam erkennen
was meine Lebendigkeit behindert
mich unterbrechen lassen
im gewohnten Alltagstrott

Mich nicht leben lassen
durch blockierende Ansprüche
das Leben in Fülle wählen
das in meinem Innersten auf mich wartet

Langsam erahnen
was meine Lebensqualität fördert
mich aufhalten lassen
zum Aufstand für die Liebe

Mich aufrichten lassen
durch jene befreienden Lebensworte
die zutiefst berühren:
Steh auf und lebe!

Inspiriert nach Lukas 7,14:
„Ich sage dir, junger Mann: Steh auf!“

„Das Leben ist das, was passiert, während wir mit anderem beschäftigt sind", schreibt John Lennon. Ich liebe diesen Gedanken. Er eröffnet mir einen weiten Raum, um zu mir selbst zu erwachen. Mitten in meinen Beschäftigungen und Sorgen werde ich auferweckt zur Lebendigkeit: Ganz unscheinbar, in einem Nebensatz; ganz überraschend durch eine Geste, die viel bei mir auslöst; ganz kraftvoll durch ein Gedicht, eine Filmszene, die mich im Innersten anrührt.

Ich bin zutiefst dankbar für all die kurzen, dichten Momente, in denen ich in großer Klarheit erfahre, was mich unmittelbar angeht, was ansteht und angegangen werden möchte.

In meiner spirituellen Begleitung von Menschen achte ich darum auf Zwischenräume, in denen Worte nachklingen können. „Es gibt keine echte Begegnung ohne Zwischenraum", sagt Martin Buber. Ich bin bewegt von jenen Zwischenhalten, in denen durch die Stille und die Leere die ganze Fülle eines Gedankens aufscheint, damit er behutsam-bestimmt ins eigene Leben hineingewoben werden kann. Bestärkend ist die Erfahrung, dass sich diese Klarheit nicht nur durch einen Leidensdruck äußern muss, sondern auch durch die Kraft der Liebe, die uns verwandeln kann. Das Leben, der Atem Gottes in uns, ist stärker als all die einengenden Lebensmuster, die uns gefangen halten wollen in der Selbstentfremdung, die uns nicht nur von uns selbst entfremdet, sondern auch von den andern und vom tiefsten Hoffnungsgrund in uns. Wir dürfen vertrauen, dass mitten in unserem alltäglichen Tun die Auferstehungskraft durchbricht und uns erlöst zu einem befreiten Dasein; nicht ein für alle Mal, sondern immer wieder neu.

Sich setzen

Sich setzen
im offenen Kreis
einander zuhören
miteinander Horchen auf die Herzensstimme

Sich setzen
Berührungsängste überwinden
sich innerlich bewegen lassen
durch die Verschiedenheit der Meinungen

Sich setzen
eine gemeinsame Linie wahrnehmen
die sich langsam abzeichnet
im spannenden Gespräch

Sich setzen
dem Ungewohnten nicht davonlaufen
neue Lebensperspektive erfahren
durch eine Kultur der Langsamkeit

Inspiriert nach Lukas 10,39:
„Maria setzte sich Jesus zu Füßen und hörte seinen Worten zu."

Auf die Stille hören

Ich erinnere mich, wie wenn es gestern gewesen wäre. Das erste Meditationsbuch, das ich gelesen habe, hat Anthony de Mello geschrieben. Die erste Seite war schon der Hammer: „Wenn Sie wirklich meditieren möchten, dann setzen Sie sich neben einen Presslufthammer ...“ Nicht gerade ermutigend, jedoch not-wendend. Im achtsamen Ein- und Ausatmen nehme ich Gedanken, Gefühle, Lärm wohl wahr, doch ich hafte nicht an ihnen, ich lasse sie vorbeiziehen wie Wolken. Leicht gesagt! Ein lebenslanger Übungsweg erwartet mich, auf dem ich all-täglich eine zentrale Lebenseinstellung einüben kann: Richte ich mein Augen- und Ohrenmerk auf das Lebensfördernde oder Lebensbehindernde? Es ist bekannt, dass der Lärm noch lauter wird, wenn ich mich auf ihn konzentriere, ihm besonders aufmerksam zuhöre. Diese Fixierung auf das Unangenehme, hindert mich, zu meinen Ressourcen zu kommen. Jeden Tag bin ich neu aufgefordert, ob ich auf den Lärm oder auf die Stille höre. Ich bin mir natürlich bewusst, dass dies je nach Wohnsituation eine ganz andere Brisanz erhält. Ich habe zehn Jahre am Waldrand gewohnt und lebe nun mitten in einer Stadt. Trotzdem bin ich überzeugt, dass ich nicht um die Lebensfrage herumkomme, wie ich mit Störungen umgehe, wo und wie ich mir Nischen der Stille schaffe ... Ich kann mich leben lassen oder ich kann mir Atempausen der Seele schaffen. Mitten im Alltagsgeschehen schließe ich regelmäßig einen Moment die Augen, atme tief durch, lockere meine Schultern, höre auf die Stille. Es ist nicht einfach, doch möglich!

Mir Nischen der Stille schaffen
mitten im Alltagsgeschehen
mich nicht leben lassen
sondern zum Aufatmen bewegen

Mir Oasen der Stille schenken
meine Fixierungen auf Lärm
von innen her verwandeln lassen
im achtsamen Ein- und Ausatmen

Sich vertiefen

Langsam und bestimmt
auf die Suche gehen
um neu finden zu können
was mir abhandengekommen ist

Langsam und entschieden
sich vertiefen
in jene Grundwerte
die dem Leben Sinn verleihen

Langsam und beglückt
das Leben feiern
die Kraft der Symbole und Rituale
als Hoffnungsweg entdecken

Langsam und beschwingt
meinen Beziehungen Tiefe schenken
miteinander aufzeichnen
was zum engagierten Aufbruch bewegt

Inspiriert nach Lukas 15,8–10:
Das Gleichnis der verlorenen und wiedergefundenen Drachme

Ein gesundes Maß braucht es nach dem heiligen Benedikt, um in die Lebenskunst der Aufmerksamkeit hineinwachsen zu können.

Ordnung und Disziplin sind dabei wichtige Grundwerte für einen gesunden Umgang mit der Zeit. Grenzen setzen können zum Wohl der ganzen Gemeinschaft, Prioritäten entwickeln, um Freiräume zu schaffen, fördern eine befreiende Lebensqualität.

Aktenordner und Kästen entrümpeln schaffen mir Leer-räume, die mich leichter werden lassen. Beim Loslassen verlieren wir ja nicht nur etwas, sondern unsere Hände werden frei für Neues. Wir leben nicht nur von innen nach außen, sondern auch von außen nach innen. Mit Achtsamkeit den Staub des Alltags entfernen und meinen Blick weiten, ist ein heilsamer Reinigungsprozess für Leib–Geist–Seele.

Im bewussten Gestalten der vielen alltäglichen Tätigkeiten erahne ich eine neue Qualität meiner Zeit. Es bedeutet, dem Leben zuliebe auch Nein zu sagen, um mich nicht in einer Maß- und Grenzenlosigkeit zu verlieren. Hausarbeit wird zur Meditation, weil ich nicht nur den Staub einsammle, sondern mich durch mein aufmerksames Dasein sammeln lasse. Ein Psalmvers hilft mir dabei:

„In deiner Hand liegt meine Zeit" (31,16). Meine Zeit gehört mir nicht, obwohl sie durch mich mit Entschiedenheit gestaltet werden will. Meine Zeit ist wie mein ganzes Leben ein Geschenk des Himmels, das erfahrbar wird, wenn ich im bewussten Tun zeitlos werde, auch beim Staubsaugen!

Sich sammeln

Langsam sammeln
was wesentlich ist
zusammentragen
was unsere Hoffnung nährt

Im Kreis einbringen
was zu mir gehört
Rundes und Eckiges
Dunkles und Helles

Langsam im Herzen bewahren
was Gemeinschaft stiftet
Wohlwollen und Konfliktfähigkeit
Toleranz und Solidarität

In der Mitte entdecken
was mich im Kleinen verbindet
mit den ewigen Lebensthemen
die immer neu dargelegt werden

Inspiriert nach Lukas 2,19:
„Maria aber bewahrte alles, was geschehen war,
in ihrem Herzen und dachte darüber nach."

Im Einklang sein

Im Einklang sein
mit mir selbst
einfach sein dürfen
nichts mehr wollen
wunschlos glücklich

Im Einklang sein
mit anderen Menschen
tiefe Zusammengehörigkeit
in der Verschiedenheit spüren
einmalig verbunden

Im Einklang sein
mit mir selbst
meinen Ärger wahrnehmen
meine Tränen fließen lassen
verwundbar aufgehoben

Im Einklang sein
mit der Schöpfung
meinen Grundton erkennen
in der Symphonie Gottes
all-eins sein

Im Ein-Klang sein
mein Leben zum Klingen bringen

Achtsam Widerstand wagen

Achtsame Menschen lassen sich nicht leben. Sie wagen Widerstand für einen ausgeglichenen Lebensrhythmus. Dem unmenschlichen Diktat der Schnelligkeit und Machbarkeit setzen sie eine Kultur der Aufmerksamkeit entgegen.

Die kämpferische Mystikerin Simone Weil (1909–1943) kann uns auf einem politischen Achtsamkeitsweg inspirieren. Ihr Schlüsselwort heißt „attente", was ich gerne mit der paradoxen Umschreibung „voller Erwartung nichts erwarten" übersetze.

Achtsame Menschen erwachen zum Träumen, sie verbinden sich, um auch in der Hoffnungslosigkeit an das Unmögliche zu glauben und es gemeinsam zu verwirklichen.

Achtsame Menschen wagen Widerstand für einen Aufbruch, der sich im gegenseitigen Respekt und in Toleranz Schritt für Schritt entfaltet.

Achtsam
meine Empörung spüren
mich nie an Ungerechtigkeiten gewöhnen

Achtsam
meine Wut annehmen
als konstruktive Kraft zur Veränderung

Achtsam
meine Tränen fließen lassen
als Ausdruck meiner Lebendigkeit

Achtsam
meiner Sehnsucht folgen
gegen den Strom zur Quelle schwimmen

Achtsam auf(er)stehen

Auferstehung feiern
achtsam aufstehen
für eine zärtlichere Welt

Auferstehung leben
beharrlich einstehen
für die Menschenrechte

Auferstehung wagen
an durch-kreuzten Plänen
wachsen und reifen

Auferstehung erneuern
sich alltäglich erinnern:
Christus steht auf in uns

Engagement leben

Durch meine rege Kurs- und Vortragstätigkeit im ganzen deutschsprachigen Raum bin ich sechs Monate im Jahr unterwegs, immer mit der Bahn. Grundsätzlich reise ich gerne, auch meine ständige Reise nach innen gehört wesentlich zu mir. Anfangs war es vor allem spannend und prickelnd, die vielen unbekannten Städte kennenzulernen, verbunden mit einem großen Gefühl der Dankbarkeit, in Salzburg, Wien, Berlin, Hamburg, München, Stuttgart und Würzburg aus meinen Büchern lesen zu können.

Die Dankbarkeit ist geblieben. Jeden Abend an einem anderen Ort zu übernachten, ist manchmal eine große Belastung. Die Ungewissheit ist meine ständige Begleiterin; Ungewissheit über die Zusammenarbeit mit den Veranstaltenden, über die Atmosphäre des Vortragsraumes, über die Zahl der Teilnehmenden und über die Begegnungen mit vielen suchenden Menschen. Diese Unbeständigkeit hat mich zur Kraft der Rituale geführt. Wir Menschen leben ja nicht nur von innen nach außen, sondern auch von außen nach innen. Ich reagiere sehr stark mit Leib und Seele auf Räume, dabei spielt das Licht eine große Rolle. Weil ich der Verschiedenheit der Hotelzimmer nicht ausgeliefert sein will, nehme ich Teelichter und eine kleine Trinitätsikone von Andrej Rubljow mit. Ich gestalte mir wie zu Hause eine Meditationsecke, damit auch äußerlich sichtbar wird, dass es nicht nur auf mich ankommt, sondern ich mich auch tragen lassen kann.

Darum stelle ich mich in die Mitte des Zimmers, stehe mit beiden Füßen auf dem Boden, atme tief ein und aus. Ich spüre meinen Grund, der mich trägt und mich über mich hinauswachsen lässt. Ich stehe zu mir, zu meiner Stärke und meiner Verunsicherung. Mein bewusstes Dastehen – auch vor und während meinem Vortrag – erlebe ich in der Erinnerung, dass in diesem Moment auf allen Kontinenten Frauen und Männer für das Gute ein- und aufstehen. Diese Verwurzelung in eine tiefere Verbundenheit ist für mich lebensnotwendig. Sie nährt mein Vertrauen mitgestalten zu können an einem größeren Ganzen. Rituale sind für mich keine magischen Akte. Gott kommt all unseren Ritualen mit seiner Gnade zuvor. Sie sind mir Lebenshilfe, weil sie mir einen Zugang eröffnen zur Tiefendimension meines Lebens. Sie sind keine Patentrezepte, denn ich kenne je nach Befindlichkeit schlaflose Nächte, in denen ich nicht zur Ruhe komme, weil dieses ständige Unterwegssein meiner Seele zuviel ist. Zugleich möchte ich jeden Tag neu vertrauen, dass ich unterwegs daheim sein kann.

Freundschaft feiern

Einander begegnen
als wäre es zum ersten Mal
dankbares Ergriffensein
von der Kraft der Zärtlichkeit

Einander berühren
als würde die Zeit still stehen
faszinierendes Erfülltsein
von der Verbundenheit in der Verschiedenheit

Einander bestärken
als wäre alles möglich
entschiedenes Einstehen
für Frieden in Gerechtigkeit

Ich bin in einer Bank aufgewachsen – fast. Mein Vater hat während seiner ganzen Berufstätigkeit auf der Aargauischen Kantonalbank gearbeitet. Im Büro in unserer Wohnung war die Dorfkasse Hägglingen. Damit die Kunden nicht nur abends kommen konnten, hatte auch meine Mutter die Kompetenz, kleinere Geldgeschäfte zu erledigen. Schon ab der vierten Grundschulklasse durfte ich meinem Vater helfen bei seiner Arbeit. Hochsaison war für mich die Zeit zwischen Weihnachten und Neujahr, wenn alle Kinder uns ihr „Sparkässeli" brachten. Es war für mich ein Genuss, die vielen Geldmünzen zu zählen.

In meiner Kinderzeit habe ich die Kunst des Sparens gelernt, die auch die Gabe des Genießens beinhaltet.

Die Zumutung aus Assisi

Mit fünfzehn Jahren wurde mein bürgerlich geprägtes Weltbild völlig durcheinander gebracht. Ich lernte die soziale Sprengkraft des Evangeliums kennen und das Armutsideal der Orden. Ein Sparbuch mit viel Geld war nicht mehr mein Ideal, sondern die Zumutung eines Franz von Assisi, alle Besitztümer den Armen zu verschenken. So radikal wie möglich wollte ich dieser Spur folgen. Als ich mit 20 Jahren, wie meine Geschwister, einen höheren Geldbetrag als Startkapital in mein Leben erhielt, verschenkte ich es an eine Hilfsorganisation in Indien. „So verrückt kannst nur du sein, du wirfst dein ganzes Geld aus dem Fenster!", sagte mir eine Mitstudentin. Dabei übersah sie, dass unter dem Fenster fünf Familien standen, die für je 1.000 sFr. ein Haus für sich bauen konnten. Bis heute bereue ich diesen Schritt nicht, einzig die Härte und die Überheblichkeit, mit der ich ihn meinen Eltern mitteilte, bedaure ich sehr. Ich stellte mich über sie, wollte ganz anders sein als sie ... Geld war für mich etwas Schmutziges, ich wollte mich dem Geistigen zuwenden.

Als Theologiestudent bin ich der „Erklärung von Bern" beigetreten (www.evb.ch). Ich unterstütze immer noch mit 20.000 anderen Mitgliedern diese entwicklungspolitische Organisation, die seit 1968 auch die Banken und den Finanzplatz Schweiz kritisch hinterfragt und aufzeigt, wie wir einen gerechteren und solidarischeren Umgang mit unserem Geld einüben können. Darum ermutige ich Einzelne, Kirchengemeinden und Klöster, ihr Geld auf keiner Großbank anzulegen, sondern bei Banken, denen ethische Grundregeln wichtig sind.

Als junger Erwachsener habe ich erfahren, dass echtes Glück sich im Teilen entfaltet.

Dualismus von Geld und Geist überwinden

In all den verschiedenen Teams, in denen ich als Seelsorger gearbeitet habe, war es mir wichtig, dass wir in unserer Supervision auch über unsere Löhne sprechen konnten. Transparenz in Lohnfragen und -erhöhungen gehört für mich zu einer Atmosphäre des Vertrauens. Eine anspruchsvolle Sache, die ich jedem Arbeitsteam wünsche! Wegweisend sind für mich einige Verse aus der Apostelgeschichte, in denen von der Gütergemeinschaft der Urgemeinde erzählt wird (4,32–37). Jede/r erhält soviel, wie sie/er braucht. Eine ver-rückte Vision, die uns auch im offenen Kloster in der Abbaye de Fontaine-André herausgefordert hat. Es gibt keine Patentrezepte auf dieser Gratwanderung, in der nicht nur Einzelne, sondern auch Familien mit ihren Kindern faire Löhne und solide Altersrente erhalten sollen. In diesen konkreten Auseinandersetzungen mit finanziellen Fragen entfaltete ich mit andern eine Spiritualität im Alltag, in der ein Dualismus von Geld und Geist überwunden wird. Gerade in der mystischen Tradition entdecke ich jeden Tag neu, dass „Gott in allen Dingen" (Ignatius von Loyola) gesucht und gefunden werden kann. In all unseren Lebensvollzügen gilt es, die spirituelle Spur freizulegen, damit wir nicht nur HABEN wollen in unserem Leben, sondern auch SEIN dürfen. In einer geerdeten Spiritualität verinnerliche ich, dass ich ein Leben lang in der Spannung von Haben und Sein unterwegs bleibe. Mein spiritueller Umgang mit Geld konkretisiert diese Spannung, weil ich darin meiner Sehnsucht nach Wertschätzung, Sicherheit und Großzügigkeit begegne. Diese Sehnsucht erzählt von drei Urwünschen, die zu unserem Leben gehören und denen wir in allen Mythen, Märchen und heiligen Texten begegnen:

- Urwunsch nach Anerkennung
- Urwunsch nach Beheimatung
- Urwunsch nach Verwandlung

Ohne diese drei Grundbedürfnisse können wir nicht leben. Sie bringen uns auch mit unserer Ambivalenz, unseren Schattenseiten in Verbindung, die sich in Gier, Geiz, Egoismus und Fremdenfeindlichkeit ausdrücken können.

Als spiritueller Mensch erkenne ich meinen Umgang mit Geld als Seismographen, der mir meine Grundbedürfnisse und meine Begrenztheit aufzeigt.

„Bei Geld hört die Freundschaft auf"

... heißt es im Volksmund. Dieses Sprichwort zeigt die Brisanz des Themas auf. Fragen rund um das Geld sind einer der häufigsten Streitpunkte in einer Beziehung. Meistens geht es dabei um tiefere Motive wie Selbstständigkeit, sozialer Status, Sicherheit, Angst vor ungesunder Abhängigkeit ... Es gehört zu einem spirituellen Weg, offen über finanzielle Fragen reden zu können. Als freiberuflicher Autor und spiritueller Begleiter bin ich herausgefordert mitzuteilen, welches Honorar ich brauche. Dieser mühsame Prozess hat mir wesentlich geholfen auf meinem langen Weg zur Selbstliebe. Lange Zeit war es mir peinlich, die Geldfrage anzusprechen. Ich tat es oft mit gläserner Stimme. Denn ich bin gerne großzügig, zugleich will ich mich nicht ausnützen lassen! Erst als ich durch meinen eigenen spirituellen Begleiter den Zusammenhang zwischen dem Umgang mit Geld und wichtigen Lebensthemen erkannte, fand ich einen natürlicheren Zugang zu meinen Honorarabsprachen. Unsere Seele ist sehr kostbar, darum darf und soll auch für sie Geld ausgegeben werden. Damit Selbsteinschätzung und Fairness gefördert werden kann, kläre ich im Gespräch ab, wie viel jede/r bezahlen kann. Darin birgt sich die Chance, einen spirituellen Weg zu erden.

Als mystischer Mensch werde ich ermutigt, gut mit mir selbst zu sein und solidarisch mit anderen zu bleiben.

Friedensstraße

Mitgestalten
an einer Friedensstraße
die die Ohnmacht der Resignation durchbricht
im Stärken des eigenen Rückgrats

Mitwirken
an einer Hoffnungsstraße
die Angst und Lähmung überwindet
in einem Aufbruch zur Gastfreundschaft

Mitbauen
an einer Vertrauensstraße
die Vereinsamung und Oberflächlichkeit verwandelt
in einem solidarischen Weg des Teilens

Auf der ersten Seite meines Tagebuches stehen einige Worte von Thomas Merton, dem Trappistenmönch, Widerstandskämpfer gegen den Vietnamkrieg und Mystiker:

„Wenn du mich kennen willst, frag nicht, wo ich lebe, oder was ich esse, oder wie ich mein Haar kämme; sondern frag mich, wofür ich lebe, genau im einzelnen, und frag mich, was nach meiner Meinung mich davon abhält, für die Sache zu leben, für die ich leben will."

In diesen Gedanken finde ich jene Grundhaltung, die ich mir wünsche, um aus meiner Kernkompetenz heraus mein Leben gestalten zu können. Dabei müssen Zielgerichtetheit und Flexibilität, Identität und Offenheit, Tiefe und Weite keine Gegensätze sein. Bäume sind mir in dieser Frage auch spirituelle Begleiter: Je tiefer ihre Wurzeln sind, umso mehr können sie sich auf die Äste hinauslassen. Auf diesem Weg der Selbstfindung und der Solidarität braucht es Entschiedenheit und den Mut, nicht nur im Außen zu suchen, was wesentlich in uns selber schon angelegt ist. Es bedeutet nicht nur zu re-agieren auf Erwartungen und Ansprüche, sondern im Zusammenspiel zwischen äußerem Anruf und innerer Berufung zu erkennen, wie ich aus meiner Mitte heraus handeln kann. Diese Mitte, diesen heiligen Ort in mir, finde ich im Schweigen und im Austausch. Die Wüste mit ihrer Schönheit und ihrem Schrecken steht in vielen religiösen Traditionen als der Ort, in dem Menschen sich sammeln, bevor sie sich ganzheitlich exponieren für ihre Lebensauf-gabe. Menschen – wie Jesus auch – horchen zuerst auf ihre innere Herzensstimme. Auf dieser Gratwanderung begegnen sie dem Zerrissenen (griech. = Diabolischen) und dem Gesammelten (griech. = Symbolischen). Nebst dem Durchwandern der Einsamkeit braucht es den Austausch mit anderen, um seinen ureigenen Platz finden zu können. Manchmal können andere das Wesentliche in mir entdecken und freilegen. Manchmal braucht es heilsam-harte Auseinandersetzungen, um jenen Widerständen auf die Spur zu kommen, die mich hindern, meine Talente zur eigenen Freude und zum Wohl der Gemeinschaft entfalten zu können. Klarheit und Widersprüche können sich abwechseln, bis mein inneres Feuer, mein „feu sacré" immer mehr aufleuchtet. Jenes Feuer, das mich Prioritäten und Grenzen setzen lässt für ein profiliertes Engagement, das durch meine natürliche Ausstrahlung Kreise ziehen wird.

Todernstes Spiel

Vor über 40 Jahren war ich innerhalb von zwei Wochen viermal mit Jugendlichen in einem Sozialeinsatz bei Bergbauern. Reichtum und Armut sind da ganz nahe beieinander. Eine unerschöpfliche Kraft des Einfachen habe ich erfahren, ein Reichtum an Solidarität und Schöpfungsverbundenheit. Eine karge Härte mit schwierigen Lebens- und Arbeitsbedingungen, die Menschen in schmerzvolle Grenzerfahrungen bringen. Am Nachhaltigsten haben mich die Kinder geprägt. Eindrückliche Bilder bleiben tief in meiner Seele. Sie bestärken mich bis heute zu einem einfachen Lebensstil:

Diese Kinder spielen sich ins Leben hinein.
Sie trennen nicht zwischen Arbeit und Spiel.
Sie blühen auf, wenn sie mithelfen können.
Sie entfalten ihre Kreativität im Zupacken.
Sie ent-wickeln originelle Lösungen
beim Bewältigen des Alltags.
Sie bringen ihre Stärken ein zum Wohl der Gemeinschaft.
Sie verlieren ihr Zeitgefühl im Verweilen im Augenblick.
Ihr Spiel ist todernst, beharrlich und beschwingt,
achtsam und gelöst.

Leichtigkeit und Freude genießen

Du bist ein Glücksfall

Du bist ein Segen
mit deinem schelmischen Lachen
das unsere Ernsthaftigkeit verwandelt
in ein befreiendes Aufatmen

Du bist ein Glücksfall
mit deinem bezaubernden Humor
der uns heraushölt aus der ängstlichen Enge
in eine wohltuende Leichtigkeit

Du bist eine Herausforderung
mit deiner wunderbaren Kraft
die neue Perspektiven eröffnet
in eine erlösende Ausgelassenheit

Du bist ein Segen
mit deinem verspielten Dasein

Staunendes Dasein

Hallo
hier bin ich
ich erlaube mir Unvollkommenheiten
ich bin staunend da und weg

Hallo
mein achtsames Dasein
befreit zur Ausgelassenheit
bewegt zur Dankbarkeit

Hallo
jetzt lebe ich
ruhend in mir selber
offen für Begegnungen

Hallo
ich bin einfach da
rundum glücklich

Leuchtender Blick

Mein Schalk erlöst mich aus
meiner Entweder-Oder-Perspektive
zum leuchtenden Augen-Blick

Mein Humor bricht mein
Gefangensein in mir selbst auf
lässt meine Masken fallen

Meine Clownnase befreit mich
zum wahren Gesicht
erhellt meinen Lebensweg
Kraftvoll trete ich leise auf

Lust auf Leben

Wasserspiele
verführen zum Leben
nähren unsere Ausgelassenheit
lassen uns selbstvergessen sein

Feuer
Wasser
Erde
Luft

Alle vier Elemente
bestärken zur Lebenslust
lassen mich voll aufgehen
in meinem Element

Heilende Geistkraft
berührt uns unaufhaltsam
zu einer Kreativität
die Gemeinschaft stiftet

Luftsprünge wagen
Begeisterung wecken
Freudentänze genießen
Leben pur

Hier bin ich!

„Mögen hätt ich schon wollen, aber dürfen habe ich mich nicht getraut!", schreibt der Münchner Karl Valentin. Ich finde in diesen Worten jenen Teil meiner Kindheit, in der ich bestärkt wurde, ja nicht aufzufallen und schön angepasst zu sein. Diese einengend-angstvolle Blockierung der eigenen Lebendigkeit durchbricht der Menschenfreund aus Nazareth mit seiner befreienden Zumutung: „Stell dich in die Mitte!" Er spricht sie sogar Kindern zu, weil sie sich vertrauensvoll dem Leben in die Arme werfen möchten.

Mir tut es an Leib und Seele gut, wenn Kinder mit ihrer ganzen Lebenskraft dastehen und ihre kindlich-natürliche Ausstrahlung leuchten lassen. Sie bestärken mich, meine Talente, meine emotionale Intelligenz nicht zu verstecken, sondern sie zu entfalten in meiner Selbstwerdung und in meinem Mitgefühl.

Sie stecken mich an, meine kraftvolle Stimme einzubringen, um Lustvolles und Schwieriges mitteilen zu können. Sie fordern mich heraus, meine Gefühle und Bedürfnisse wahrzunehmen und auszudrücken. Sie stiften mich an, mich ganz zu vergessen in der Gabe, einfach da zu sein. Sie erinnern mich an das Geheimnis von Bethlehem, das im Kleinen, Unscheinbaren jenes wunderbare Geschenk der Liebe Gottes erkennt, die sich in der unerschöpflichen Kraft des Einfachen ereignet.

Das Geschenk der Musik

Mystische Momente
schenken sich mir
beim Musikhören

Ich setze mich achtsam hin
ich höre aufmerksam auf die Musik
ich lasse mich innerlich bewegen

Ich lasse mich hineinholen
in einen großen Klangraum
der in mir viele Gefühle weckt

Ich bin voll da und ganz weg
aufgehoben in einer Zeitlosigkeit
die mich erdet und beflügelt

Hildegard von Bingen sagt:
Die Seele trägt die Symphonie
Gottes in sich

Glücksmomente

Glücklich jene Momente
in denen alle Lebensfarben
zu mir gehören dürfen

Glücklich jene Stunden
in denen sich alles setzen darf
aufgehoben im Ewigen

Glücklich jene Momente
in denen eine einzige Blume
mir Halt schenkt zum Dasein

Glücklich jene Stunden
in denen die Bandbreite des Lebens
mich zur bodenständigen Vielfalt entlastet

Glücklich bin ich
wenn ich auch unglücklich sein darf

Aus der Kraft der Schöpfung leben

Verbunden mit der Schöpfung sein
sich hineinbegeben
in die Schönheit der Natur
die Kraft zur Hoffnung schenkt

Vertraut mit der Schöpfung sein
sich zurechtfinden
in der Unberechenbarkeit der Natur
im Aushalten von Ungewissheiten

Verwurzelt in der Schöpfung sein
sich beheimatet fühlen
im Zusammensein mit den Tieren
das vom Beseeltsein aller Kreatur erzählt

Verspielt in der Schöpfung sein
sich bewegen lassen
zum staunenden Verweilen
das bewohnt ist von Dankbarkeit

Leuchter sein

Vier Himmelsrichtungen
vier Elemente
vier Jahreszeiten

In der Fülle
das Gegensätzliche erkennen
sich verabschieden
von einem einseitigen Harmoniebedürfnis
das Leben unterdrückt

Leuchten können
wie es Kinder tun
weil ihr Licht
als Licht Gottes
durch-scheint

Lobpreis

Dich
rühmen mit ganzer Lebenskraft
angestiftet zur Lebendigkeit
die durch Dein Licht aufscheint

Dich
loben nach durchwachter Nacht
bewegt zur Solidarität
die gewachsen ist im Fließenlassen der Tränen

Dich
rühmen mit voller Leidenschaft
aufgerichtet zur Einmaligkeit
die durch deine Menschwerdung sichtbar wird

Dich
loben nach verzweifeltem Suchen
berührt zum Urvertrauen
das uns ein Leben lang geschenkt sein wird

Gelassen sein

Gelassen der Mensch
der sich selbst wird
sich innerlich berühren lässt
von Hellem und Dunklem

Gelassen der Mensch
der zerknirscht sein darf
befreit zum Widerspruch
der Kommunikation herausfordert

Gelassen der Mensch
der sich zugrinsen kann
sich nicht zu ernst nimmt
sich auch lassen kann

Gelassen der Mensch
der todernst spielerisch bleibt

Entdeckungsreise wagen

Freundschaft entfalten
miteinander eine Entdeckungsreise wagen
die ganz Mensch werden lässt
verletzlich-kraftvoll

Sinnlichkeit auskosten
schöpferische Liebe erfahren
gemeinsam im Spannungsfeld
von Dunkel und Licht reifen

Fruchtbarkeit genießen
neues Leben empfangen
mit Kindern zusammen
zärtliche Verantwortung teilen

Familien stärken
Vertrauensräume eröffnen
die Menschlichkeit und
Menschenrechte fördert

Am Schweren reifen

Erlösendes Aufgerichtetsein

Befreiendes Aufatmen
meine Schattenseiten
sind aufgehoben
im Kreis des Lebens

Erlösendes Aufgerichtetsein
meine dunklen Seiten
sind eingebunden
im Kreis des Lichtes

Klärendes Innehalten
unvollkommen sein dürfen
mit Kraft und Dünnhäutigkeit
mit Vertrauen und Verlorenheit

Tränen des Glücks
weichen meine Härte auf
begrenzt-unendlich
mich lieben lassen
im Augen-Blick

Herausgeführt werden aus der Trauer

Tränen können Zeichen eines Neubeginns sein.
Sie sind Grundwasser unserer Seele.
Menschwerdung ist für mich ein Geburtsprozess,
der von der Verheißung leben darf,
dass Gott unsere Tränen abwischt,
auch durch Freundinnen und Freunde.
Ein Geburtsprozess lebt auch von der Zumutung,
sich ins Leben hineinzubegeben,
ins Leben mit seiner wunderbaren Schönheit und
seinem geheimnisvollen Schmerz.
Tränen fließen lassen ist kein Zeichen von Schwäche,
für die wir uns entschuldigen müssen.
Der Tränenfluss ist ein Ausdruck unserer Lebendigkeit,
der auch dem Dunkel dieser Welt nicht ausweicht.
Suchende Menschen lassen sich neu gebären
im Zeigen ihres wahren Gesichtes.
Sie werden befreit zum authentischen Dasein
mit seinem einmaligen Ansehen und mit seiner Bedürftigkeit.

Inspiriert nach Jesaja 25,8:
„Gott wischt die Tränen ab."

Sich innerlich ausrichten

In Zeiten der Trauer
sich innerlich ausrichten lassen
auf die unzerstörbare Kraft der Liebe
die auch Bruder Tod nicht unterbrechen kann

In Zeiten der Ohnmacht
sich innerlich aufrichten lassen
durch die Kraft der Ewigkeit
die erzählt vom Neuanfang

In Zeiten der Kargheit
sich erinnern lassen
wie das Geschenk des Wachstums
unsichtbar sich dem Himmel zuwendet

Herausgeführt werden aus der Schlaffheit

Hände sind für mich ein eindrückliches Symbol unserer Menschwerdung.
Sie können sich öffnen und verkrampfen,
sie können gelähmt sein und voll geballter Wut,
sie können heilend nah sein und beziehungsstiftend.
Hände möchten zupacken und zärtlich sein,
sich bewegen und ruhen.
Unsere Lebenslinien sind eingezeichnet in ihnen.
Beim Massieren meiner Hände finde ich einen Zugang zu all meinen Organen.
Meine Blockierungen können gelöst werden,
meine Hände öffnen sich himmelwärts.
Vertrauende Menschen berühren ihre Hände,
sie nehmen ihre Stärke und Zerbrechlichkeit ganz bewusst wahr.
Ja sagen zu meinen Händen, sie annehmen, so wie sie sind,
ihnen danken für ihr Dasein, ist für mich auch ein Gebet.
Suchende Menschen nehmen ihr Leben in die Hand,
weil es in den Händen Gottes gut aufgehoben ist.

Inspiriert nach Jesaja 35,3:
„Macht die erschlafften Hände wieder stark
und die wankenden Knie wieder fest!“

Durch-kreuzte Lebenspläne

Schmerzvoll annehmen
wie meine Pläne durch-kreuzt worden sind
weil ich an zu hohen Ansprüchen
innerlich zerbrochen bin

Hoffnungsvoll erahnen
wie Wunden zu Perlen werden
die dem eigenen Reifen
eine tiefe Lebensqualität schenken

Verunsichert erfahren
wie widersprüchlich das Leben sein kann
wie Beziehungen auseinanderbrechen
wie Lebenssinn frag-würdig wird

Vertrauensvoll erkennen
wie Wachstum sich unaufhaltsam
immer neue Reifungswege sucht
die zum dankbaren Staunen bewegen

Herausgeführt werden aus Blindheit, Taubheit und Stummheit

Jahrelang habe ich mich abgewertet,
konnte nicht sehen,
wie wunderbar mich Gott geschaffen und gestaltet hat.
Ich war blind, taub und stumm für meine Selbstwerdung,
weil ich mich durch lebensbehindernde Aussagen beirren ließ.
Meine Seele sprach durch meinen Leib und meine Depressionen.
Sie ließ mich berührt werden von den prophetischen Verheißungen,
die von einem lebensbejahenden Gott erzählen,
der uns sehen lässt, was wirklich ist,
der uns aufhorchen lässt auf unsere Herzensstimme,
der uns aussprechen lässt, wer wir zutiefst sind.
Suchende Menschen lassen sich konfrontieren durch ihre blinden Flecken,
durch ihr verstocktes Ohr, durch ihren verschlossen Mund.
Sie lassen ihr versteinertes Herz aufweichen durch jene göttliche Stimme, die uns sagt:
„Ich liebe dich so, wie du jetzt bist."

Inspiriert nach Jesaja 35,5–6:
„Dann werden die Augen der Blinden geöffnet,
auch die Ohren der Tauben sind wieder offen,
die Zunge des Stummen jauchzt auf."

Sich zusammenfinden

Mitten im fragend-zweifelnden Unterwegssein
sich wieder finden
in anderen Lebenserfahrungen
die sich in einem ehrlichen Austausch eröffnen

Mitten im Erschüttertsein
sich zusammenfinden
als bestärkende Weggemeinschaft
die dem Leben auf den Grund geht

Mitten im Verunsichertsein
sich innerlich berühren lassen
durch die Kraft der Langsamkeit
die Neues behutsam wachsen lässt

Mitten in der Tischgemeinschaft
sich bestärkt fühlen
von der göttlichen Gegenwart
die sich in der Gastfreundschaft ereignet

Inspiriert nach Lukas 24,13–53:
Der Weg nach Emmaus

Du, kleiner Engel

Kleiner Engel
du machst mir Mut
weiterhin an das Gute
im Menschen zu glauben
du durchbrichst
die Spirale der Schreckensmeldungen
im Ausschöpfen deiner Möglichkeiten

Kleiner Engel
du durchschreitest
die lähmende Ohnmacht
brichst auf mit uns
einer menschlicheren Welt entgegen
in der jede und jeder
sein Glück im Mittragen erfährt

Kleiner Engel
begleite uns
auf unseren Straßen der Gleichgültigkeit
beflügle uns
zu einer Weggefährtenschaft
die zum Leben in Fülle
bestärkt und bewegt

Gesegnet sein

Gesegnet
sei dein Hineinwachsen ins Urvertrauen –
auch in Zeiten des Nebels und der Verunsicherung
mögest du getragen sein

Gesegnet
sei dein Reifen an schmerzvollen Lebenserfahrungen –
auch in Momenten des Zweifels und der Empörung
mögest du Licht-Blicke erfahren

Gesegnet
sei dein gastfreundliches Dasein –
auch in Tagen der Begrenztheit
mögest du andern Herberge sein

Getragen sein im Dunkel

Du
bestärkst uns zur Lebensweisheit
an Rückschlägen, Umwegen und Durststrecken
wachsen und reifen zu können.
Die Wüste ist bezaubernd und gefährlich.
Ein Weg durch die Wüste ist ein Wagnis.
Es erwarten uns Oasen und die schweigende Kraft.
Engpässe und Schluchten können uns zugemutet werden.
Es gibt Menschen, die sich darin verirren.
Das chinesische Wort für „Krise" bedeutet Chance und Gefahr.
Suchende Menschen erzählen einander vom Getragensein in dunklen Stunden.
Sie erinnern einander an den Vertrauensweg, der sich auch
in scheinbar ausweglosen Situationen anbahnt.
Deine Hoffnungsspur erkennen wir oft erst im Nachhinein,
obwohl sie schon immer da war.

Inspiriert nach Jesaja 40,3:
„Bahnt für Gott einen Weg durch die Wüste!
Baut in der Steppe eine ebene Straße für unseren Gott!"

Sich gedulden

Mein Leben als Kunstwerk sehen
das langsam aufgebaut wird
durch beharrliche Geduld
und wohltuende Bestimmtheit

Über mich selber hinauswachsen
im Einsatz für eine solidarische Weite
mich exponieren für faire Arbeitsbedingungen
mich einsetzen für den Erhalt unserer Schöpfung

Inneres Reifen fördern
ein aktives Warten entwickeln
neue Lebensräume schaffen
für unser unerschöpfliches Wachstumspotential

Sich gedulden
geschehen lassen können
Unglaubliches vom Leben erwarten
im Vertrauen in die Kraft des Augenblicks

Inspiriert nach Lukas 13,8:
„Der Weingärtner erwiderte: Lass ihn dieses Jahr noch stehen;
ich will den Boden um ihn herum aufgraben und düngen.“

Zerbrechliches umarmen

Dem Schwachen
in mir begegnen
als Eingangstor
zu echtem Mitgefühl

Das Zerbrechliche
in mir umarmen
als Befreiung
aus abwertender Härte

Das Kleine
in mir würdigen
als Ermutigung
zu zärtlicher Zuneigung

Schwache erhalten Ansehen
Verletzlichkeit stiftet Offenheit
der Rand wird zur Mitte
Auferstehung ereignet sich

Inspiriert nach 2 Korinther 12,9:
„Lass dir meine Zuneigung genug sein.
Gerade in den Schwachen lebt meine volle Kraft."

Entspannung wagen

Voll aufgehen im Arbeiten, Raum und Zeit sind wie aufgehoben, mit größter Konzentration handle ich, bin ganz bei der Sache. Stunden vergehen wie im Fluge, es läuft alles rund. Befreiend sind diese Zeiten, in denen ich nicht auf die Uhr schaue. Ich genieße sie umso mehr, wenn ich mir regelmäßig eine gesunde Körperhaltung gönne. Ich lasse mich aufrichten, strecke und schüttle mich, lockere meine Schultern und ich schaue himmelwärts in meinem bodenständigen Dasein.

Erholungskompetenz konkretisiert sich im regelmäßigen Innehalten. Ich stehe auf vom Pult und versuche gerade zu stehen für mein Leben, die Knie sind nicht durchgestreckt und ich reibe intensiv meine Hände, damit mir ein guter Atemfluss geschenkt wird. Lockerungsübungen brauchen wir, um uns nicht krampfhaft zu verbeißen im Hamsterrad der Hektik. Tiefes Durchatmen brauchen wir, um dank einer gesunden Distanz kreative Lösungsansätze entdecken zu können in scheinbar unlösbaren Sachzwängen.

Atempausen für die Seele sind nicht einfach machbar, doch ich kann sie mir schenken lassen durch lebensfördernde Rituale der Entspannung am Arbeitsplatz. Ich leiste Widerstand, lasse mich nicht durch die Arbeit peitschen, auch nicht von mir selber, weil ich viel mehr bin als meine Leistung. Ich lasse mich nicht subtil versklaven, sondern ich erkenne in vielen kleinen Momenten des Aufatmens meine einmalige Würde. Ich lasse mich nicht entfremden in der Arbeit, sondern schaffe mit anderen eine wohltuende Atmosphäre, die ein effizientes Arbeiten ermöglicht.

Die Kraft des Wartens

Es gibt sie, jene Tage an denen alles gelingt, es fließt und die Stunden sind zeitlos: traumhaft.

Es gibt sie, jene Tage, an denen der Arbeitsablauf gestört wird und mir mühsame Wartezeiten aufgezwungen werden.

Beides gehört zum Rhythmus des Lebens, Zeiten der Leichtigkeit und Zeiten der Störungen. Keine Frage, ich bevorzuge die ersteren. Weil ich jedoch immer wieder warten muss, bei einer Signalstörung im Zug, beim Einkaufen, am Bahnschalter, beim Rendezvous mit einem Menschen, versuche ich, mein Warten verwandeln zu lassen. Denn es kostet mich viel Energie, gegen sie anzukämpfen. Wartezeiten sind eine unerwartete Einladung zum Innehalten. Ich erkenne in ihnen die Chance, tief durchatmen zu können, auf meine Körperhaltung zu achten, mich einzuüben in die lebenslange Kunst des Verweilens im Augenblick. Es gelingt mir nicht immer beim Warten, mich zu sammeln. Doch es ereignet sich immer öfter, dass meine Störungen mir einen Zugang zu meiner inneren Mitte eröffnen. Sie durchbrechen meine Schnelligkeit und schenken meiner Seele kostbare Momente der Lange-Weile, in denen ich erahne, dass ich mehr bin als meine Leistung.

Beim Warten
innehalten
die Augen schließen
tief durchatmen

Beim Warten
meine Ungeduld verwandeln lassen
mich verführen lassen
zum Verweilen im Augenblick

Beim Warten
mich sammeln
meine Schulter lockern
mich aufrichten lassen

Kraftort

Den heilenden Kraftort
regelmäßig besuchen
der jedem Menschen
inneres Wachsen und Reifen zuspricht

Den inneren Kraftort
vermehrt betreten
wo ich in mir ruhe
weil ich sein darf mit Licht und Schatten

Den gemeinschaftsstiftenden Kraftort
miteinander hegen und pflegen
durch Mitgefühl und Solidarität
einander zur Lebenskraft bestärken

Ausruhen

Im mühsamen Staub des Alltags, im anstrengenden Lebenskampf für gerechtere Verhältnisse, im herausfordernden Umdenken zu einer ökologischeren Lebensgestaltung sind uns Ruhepausen verheißen, Oasen des Verweilens.

Verantwortungsvolles Zupacken ist lebensnotwendig, es kommt auf uns an, auf unseren schöpferischen Protest und auf unsere kreativen Lösungsansätze.

Verantwortungsvolles Innehalten ist heilsam, es hängt nicht nur von uns ab. Wir müssen nicht nur tun, machen, suchen, sondern wir können uns auch finden lassen.

Die Gute Nachricht aus Nazareth erzählt vom überraschenden Entgegenkommen Gottes, da wo es niemand erwartet hätte. Achtsame Menschen verlassen immer wieder das Hamsterrad einer unmenschlichen und schöpfungsfeindlichen Fortschrittsgläubigkeit, die uns entfremdet von uns selber, von unseren Beziehungen und von unseren Wurzeln. Sie schaffen hartnäckig und mit einem ansteckenden Lächeln Zwischenräume der Hoffnung. Erholsame Lebensräume, in denen wir berührt werden vom Geschenkcharakter des Lebens, der in unserem Innersten immer schon auf uns wartet.

Schritt für Schritt

Schritt für Schritt
gehe ich
erfüllt von Dankbarkeit
mich bewegen zu können

Entschleunigung
schenke ich mir
im tiefen Ein- und Ausatmen

Langsamkeit
gönne ich mir
im Übergang von einem Ort zum anderen

Schritt für Schritt
gehe ich
durch den Lauf der Zeit
im Hier und Jetzt

Getragensein
erfahre ich
im bewussten Gehen

Mit Leichtfüßigkeit

Kostbar sind jene Begegnungen, die mich ganz bei mir sein lassen.
Beglückend ist jene Weggefährtenschaft, die zu Visionen beflügelt.
Zeitlose Stunden, in denen nichts sein muss und alles werden kann.
Leichtfüßig begeistern wir uns gegenseitig zu einem lachenden Dasein, nähren unser Mitgefühl, weil wir alle im selben Boot sind.

Liegend lassen wir uns gehen, erkennen die Zeichen der Zeit mit neuer Intensität, die uns den Kairos nicht verpassen lassen, um mit Entschiedenheit aufzustehen für eine Zeit der Achtsamkeit, die Gerechtigkeit und Frieden neu entwickelt.

Verwandelt werden wir
jeden Tag neu
zu einer Leichtigkeit
die mitten in den Alltagssorgen
den Blick zum Himmel öffnet.

Sich zentrieren

Im wohltuenden Innehalten
die Mitte in sich entdecken
die immer schon auf uns wartet
als göttliche Lebenskraft

Im langsamen Gehen
mit staunendem Blick
die großen Lebenswunder erkennen
die da sind als Wegebegleitung

Im verweilenden Dasein
sich zentrieren
auf alles und nichts
auf Leere und Fülle

Im achtsamen Wahrnehmen
einen neuen Durchblick erhalten
der erinnert an die befreiende Wirklichkeit
dass alles Wesentliche schon da ist

Inspiriert nach Lukas 17,21:
„Das Reich Gottes ist schon mitten unter euch."

Mich schütteln lassen

Nach einem intensiven Tag, sei es dank einer Fülle von Anerkennungen oder sei es durch belastende Begegnungen mit der schweren Not der Menschen, fällt es mir schwer, ruhig zu werden. Ich weiß oft nicht wohin mit dieser Ballung von Energie. Lange habe ich gebraucht, um zu entdecken, dass ein meditatives Sammeln, sich nicht nur im stillen Dasitzen ereignen kann, sondern auch in achtsamen Bewegungen. Auf einem spirituellen Weg braucht es die Freiheit, verschiedene Meditationsformen zu kultivieren und die Gabe des Erkennens, ob Ruhe oder Bewegung mich zur Sammlung führen kann.

Nach intensiven Tagen stelle ich mich abends in die Mitte des Zimmers und ich lasse mich schütteln. Ich stehe gut auf meinen Füßen, meine Knie sind nicht durchgestreckt. Ich lasse meinen Körper schütteln, vom Fuß bis zum Kopf, meine Knie, meinen Beckenraum, meine Hände, meine Arme und Schultern, mein Gesicht. Ich versuche, all die schönen und schwierigen Erfahrungen ruhen zu lassen, in dem ich leer werden darf.

Eine Leere-Übung vom Meditationslehrer Werner Sprenger unterstützt mich. Ich spreche sie mir im Rhythmus meines Atems zu:

Leer werde ich, leer.
Leer von allen Gedanken,
leer von allen Gefühlen,
leer von allen Bildern,
leer von allen Worten,
leer von allen Wünschen,
leer von allem Wollen,
leer von allem Sollen – leer!

Im Schütteln wiederhole ich mir diese Worte, bis ich mich immer mehr schütteln lassen kann und es mich schüttelt, schüttelt, schüttelt ...

Mich weit hinauslehnen

Mitten in meiner Lebensaufgabe halte ich inne, lehne mich weit hinaus aus den festen Rahmenbedingungen.
Ich verneige mich vor dem Geschenk des Lebens, das gesegnet ist vor all meinem Tun.
Ich löse mich von meinen Verkrampfungen, die mich zu sehr auf die Zähne beißen lassen, und ich sehe den Lebensfluss neu, dem ich mich anvertrauen kann.
Mitten im Stress werde ich befreit zum Grundgeheimnis unseres Lebens, das sich in der guten Spannung von Zupacken und Geschehenlassen ereignet.
Bewusst nehme ich wahr, was wirklich wesentlich ist.
Ich schließe die Augen, um klarer zu sehen.
Ich öffne die Augen und erkenne viel Wunderbares im Alltäglichen.

Ich schaffe mir eine Weite, die auch andere zu einem gesunden Arbeitsrhythmus inspiriert.

Ich atme auf
werde er-löst vom Leistungsdruck
lächle dem Leben zu
nehme meine Verantwortung neu wahr

Ich atme
also bin ich
einfach so

Angst und Sorge verwandeln

Auf sich selber geworfen

In der Konfrontation
mit der Härte des Lebens
wünsche ich dir einen Wegbegleiter
der im intensiven Zuhören
dir den Zugang zu deinen Gefühlen ermöglicht

In der Auseinandersetzung
mit den Grenzsituationen des Lebens
wünsche ich dir einen Verbündeten
der dich im beharrlichen Nachfragen
auf deine Antworten stoßen lässt

In dem Ausgeliefertsein
in Krisenzeiten
wünsche ich dir einen Engel
der dich auf dich selber zurückwirft
zu deinem wahren Gesicht

Im Zupacken und Geschehenlassen
im Kämpfen und Loslassen
in Widerstand und Ergebung
ereignet sich unerwartet
eine bereichernde Lebensqualität

Angst vor dem Alltag

Sie gehören manchmal zu meinem Alltag, jene Tage, an denen ich Angst habe vor dem Leben. Ich fühle mich schwer beim Aufstehen, bin zurückgeworfen auf mich selber, gefangen im Irrtum, dass es heute nur auf mich ankommt.

Ich kenne sie, jene Tage, in denen ich Angst habe vor den Begegnungen mit Menschen. Ich bin dünnhäutig und fühle mich den Herausforderungen des Tages nicht gewachsen.

Versteinert werde ich, wenn ich mich verurteile für diese Gefühle und mich als hoffnungslosen Fall abwerte, gelähmt im überfordernden Lebenskonzept, endlich über den Dingen stehen zu müssen.

Erlöst werde ich, wenn ich versuche, mich mit meinen vielschichtigen Seiten anzunehmen, weil sie immer nur ein Teil von mir sind.

Befreit werde ich, wenn ich mich andern zumute und meine Befindlichkeit nicht mehr überspiele.

Aufgerichtet werde ich, wenn ich mich erinnere an authentische Worte von spirituellen Menschen, die mich bestärken zu einer wohltuenden Unvollkommenheit. Hildegard von Bingen spricht mir dann zu, nicht nur Himmlisches in mir zu suchen. Der kämpferische Apostel Paulus berührt mich durch seine Lebenserfahrung, die darauf vertraut, dass Gottes Gnade genügt, weil sie ihre Kraft in der Schwachheit erweist (2. Korintherbrief 12,9). Teresa von Avila erzählt mir, dass sie auch nach tiefen inneren Einheitserfahrungen Momente kennt, in denen sie ein einziges kritisches Wort niederdrückt und sie am liebsten fortlaufen möchte, weil ihr alles so zuwider ist. Der

Psychologe Carl Gustav Jung inspiriert mich, meine Angst an meinen Morgentisch einzuladen, um bei ihr nachzufragen, was sie mir sagen möchte.

Glücklich die Momente, in denen ich wahr-nehme, was jetzt ist, ohne es zu bewerten und zu beurteilen, um darin die göttliche Spur zu erkennen.

Erdrückend die Momente, in denen ich mir gar nicht bewusst bin, was mich herumtreibt, weil meine Angst diffus bleibt.

Glücklicher werde ich, wenn ich mich und andere jeden Tag annehmen kann als mitfühlend-sensible Menschen, die ein Leben lang in der Spannung von Angst und Vertrauen unterwegs sind.

Unsicherer Anfang

Entwurzelt
im eigenen Land
verunsichert
der Kraft des Neuanfangs trauen

Verwurzelt
im Land der Hoffnung
wo das Unmögliche möglich wird
im Einstehen für eine kinderfreundliche Welt

Fremd
in der eigenen Heimat
hoffnungsvoll
der Ungewissheit begegnen

Beheimatet
im Land des Vertrauens
wo in zärtlicher Gemeinschaft
Angst verwandelt wird

Bedrückende Zeit

In Krankheitszeiten können wir Stunden als eine Ewigkeit erfahren. Die Zeit wird unendlich schwer, eingehüllt in beängstigende Zukunftssorgen. Ein Besuch, ein Blumenstrauß, eine Postkarte durchbrechen diese erdrückende Fülle von Zeit.

Zeittüren öffnen sich, belebt vom Vertrauen, auch in den Grenzsituationen des Lebens aufgehoben zu sein in einem größeren Ganzen, in Gottes Geborgenheit.

Zeitfenster schließen sich in den sinnentleerten Momenten, die verstärkt werden vom Gefühl nicht mehr gebraucht zu werden, links liegen gelassen zu sein. Eine belastende Langeweile breitet sich aus, die unser Dasein verdunkeln kann.

Sie möchte erhellt werden durch kraftvolle Momente der Erinnerung, die uns erahnen lassen, wie wir auch in unserer Zerbrechlichkeit zum Segen werden können für andere.

Mitten in deinen bedrückenden Stunden
möge sich dir eine Vertrauenstüre öffnen
die deine schmerzvolle Zeit verwandelt
dank einem wohltuenden Besuch

Mitten in deinen dunklen Momenten
möge sich dir eine Herzenstüre öffnen
die deine angstvolle Stimmung erhellt
dank einem biblischen Hoffnungswort

Mitten in deinen unerträglichen Tagen
möge sich dir eine Himmelstüre aufschließen
die deine belastende Befindlichkeit aufweicht
dank einer zärtlich-heilenden Geste

Bedrohtes Leben

Heimatlos
umherirrend
verfolgt von der Angst
auf der Flucht

Einander Heimat schenken
zupacken
Verantwortung übernehmen
mit kluger Gelassenheit

Verunsichert
umhergetrieben
bedrückt von der Bosheit
die Menschen einander antun

Einander Halt sein
kämpferisch
der Solidarität
neue Räume eröffnen

Steine, die wir sogar als Stolpersteine empfinden, können uns Halt geben und uns den Weg weisen.
Steine mit ihren Ecken und Kanten lassen sich ineinander fügen. Eine neue Perspektive scheint auf, die sich uns Schritt für Schritt zeigen wird.

Auch der Weg zurück in die Heimatstadt ist für Maria und Josef kein Traumweg. Sie haben sich ihren Schwangerschaftsweg sicher anders vorgestellt: einfacher, klarer, ruhiger und gesicherter. Sie sind ihn gegangen, mit Ängsten und Zweifeln und vielleicht mit der leisen Hoffnung, selber Wegbereiterin und Wegbereiter zu werden für all die Menschen, die in unerwarteten Ereignissen nach Sinn tasten. Ihr Aufbruch kann uns erinnern an die uralte Verheißung, auch in der Verunsicherung einen tragenden Grund zu spüren. Puzzleteile fügen sich dank der beharrlichen Geduld zu einem Mosaik zusammen. Auch Scherben können Glück bringen. Jenes Glück, das auch im Advent Gottes aufscheint.

Glücklich, wer die zerbrochenen Lebensvorstellungen mitteilt, damit sie unerwartet zu einem neuen Ganzen zusammengefügt werden können.

Zu einem gemeinsamen Weg des Vertrauens in aller Ungewissheit.

Im Sperrigen

Im Sperrigen
die Öffnung erkennen
die den Leistungsdruck durchbricht
und die Kreativität fördert

Im Sperrigen
das Tor zum Innern wahrnehmen
zu den unausgeglichenen Seiten stehen
die meine Toleranz fördern

Im Sperrigen
die Türe zu echtem Mitleiden sehen
zur befreienden Lebendigkeit
die auch durch Behinderungen wachsen kann

Du verwandelst meine Angst

Angst
umzingelt mich
hält mich gefangen
entfremdet mich
von mir selber und den anderen

Angst
rührt mich an zum Leben
ermutigt mich Verlorenheit mitzuteilen
Verunsicherung zu zeigen
befähigt mich aufzustehen
in eine neue Lebendigkeit

Angst
hindert mich
Beziehungen zu wagen
schließt mich ein
im Verließ des Misstrauens
vernebelt meine klaren Gedanken

Du
hast mir Raum geschaffen
als mir angst war
hast mich angestiftet
Ängste anzuschauen und anzunehmen
damit sie verwandelt werden können
zur Kraft des Vertrauens und des Mitgefühls

Nach Psalm 4,2

Dankbarkeit vertiefen

Zum Leben erwachen

Mein Morgengebet beginne ich im Schweigen und sage innerlich „Danke“. Beim Aufstehen bleibe ich einen Moment stehen. Meine Füße stelle ich bewusst auf den Boden. Ich atme tief ein und aus. Ich nehme wahr, wie ich auch heute getragen bin. Meine innere Begleitung, mein Atem, erinnert mich an den Fluss der Liebe, dem ich mich auch heute anvertrauen kann. Ich lasse mich innerlich aufrichten zu mir selbst, zu meiner Lebensauf-gabe. Ich atme achtsam ein und aus. Ich staune über das Geschenk meines Lebens, über das Wunderwerk meines Körpers. Ich höre auf meinen Herzschlag. Er lässt mich einen gesunden Lebens- und Arbeitsrhythmus verinnerlichen.

Die Wechselwirkung zwischen Aktion und Erholung ist kein Privileg von einzelnen Menschen, sondern tief in uns angelegt. Mein Herzschlag, der ohne mein Zutun geschieht, bewegt mich zu pulsierender Lebendigkeit und zum befreienden Seindürfen vor all den Herausforderungen des heutigen Tages. Arbeiten können und Seindürfen verbinden mich mit dem Lebensatem Gottes, der alles beseelt. So kann ich auch heute versuchen, gerade zu stehen für mein Leben. Ich atme tief ein und aus und bin verbunden mit dem Ewigen. An jenen Tagen, in denen ich voller Kraft und Zuversicht bin, und auch in jenen Morgenstunden, in denen ich mich dünnhäutig und zerbrechlich fühle. Beides gehört zu mir, wenn ich wirklich all-täglich zum Leben erwachen will.

Jeden Morgen stehe ich still beim Aufstehen.
Mein Stillstand führt mich sehr weit, in die Tiefendimension meines Daseins, wo sich mein ganzes Leben in einem Wort verdichtet: DANKE!

Verwurzelt

Meine vielfältigen Wurzeln
mit zunehmendem Alter
erkennen
annehmen
integrieren

In meinem Selbstwerdungsprozess
bis zur letzten Sekunde meines Lebens staunen
über die vielfältigen Prägungen
und Charakterseiten

Durch meine Wurzeln
echte Versöhnung mit meiner Geschichte
und meiner Familie geschehen lassen
mich dabei verabschieden vom Irrtum
ganz anders zu sein

Meinen vielfältigen Wurzeln
meine innere Wertschätzung ausdrücken
indem sie sein dürfen
um mein Leben mitzugestalten

Nicht du trägst die Wurzeln
sondern die Wurzel trägt dich

Inspiriert nach Brief an die Römer 11,8

Mein Verstand fragt mich ab und zu, weshalb ich mir schon wieder die Gedichte von Hilde Domin und Paul Celan anhöre. Er tut sich schwer, dass ich mir all das wieder hole, was ich schon kenne, zehn-, zwanzigmal wiederhole.

Meine Seele atmet auf, sie genießt die Kraft des Wiederkehrenden, wie es auch die Kinder tun. Die Originalstimmen von Paul Celan und Hilde Domin eröffnen mir einen weiten Raum, damit ich eintauchen kann in die Zeitlosigkeit der Poesie. Sie ermutigen mich, mir selber im Zimmer, am See, im Wald jene Gedichte vorzulesen, die mich existenziell tief berühren, als wären sie nur für mich geschrieben worden. Sie lassen mich zugleich die tiefere Verbundenheit mit allem erfahren, mit Menschen und Gott, Schöpfung und Kosmos.

Gedichte sammeln jene Erfahrungen, für die es eigentlich keine Worte gibt, weil sie alles übersteigen.

Gedichte führen mich zu mir selbst, zu meinem inneren Ruheort, in dem alles, das Ermutigende und Erdrückende, gut aufgehoben ist.

Im Anfang waren meine Nachbarinnen und Nachbarn überrascht, als ich mir alleine auf dem Balkon laut Gedichte vorlas. Verrückter Typ! Inzwischen ist es ganz normal, dass ich ver-rückt bin.

Mir Gedichte schenken
die mich verbinden mit
der Tiefe des Lebens
die mich aufatmen lässt

Mir Gedichte vorlesen
die mich zur Mitte führen
zum befreienden Lachen
zum bewegenden Mitfühlen

Mir Gedichte gönnen
innerlich berührt werden
von der Kraft der Worte
die Ewiges verdichten

Ich wünsche jedem Menschen, dass kein Tag vergehen soll im Leben, an dem sie/er nicht danken kann. Echte Dankbarkeit wächst mit dem Einverständnis mit dem Leben und öffnet mich für die Überraschungen, die mich auch heute lebendig werden lassen. Nichts, gar nichts, ist selbstverständlich im Leben. Meine Gesundheit, mein Freundeskreis, meine Wohnung, mein Urlaub, mein Essen, meine Arbeit, meine Konflikt- und Versöhnungsbereitschaft, mein Humor, meine langen Zugfahrten, meine Kreativität, meine Begegnungen, mein Hunger und Durst nach Gerechtigkeit, meine Begeisterungsfähigkeit, meine beharrliche Geduld, meine Sehnsucht nach dem Ewigen erzählen, wie ich tief eingebunden bin in eine Wirklichkeit, die über mich hinausweist und zu einer staunenden Dankbarkeit bewegt.

Ein sinnvoller Lebensweg erwartet uns, wenn wir die Verabredung mit dem Wunderbaren nicht auf später vertagen, sondern jetzt staunend das Wunderbare im Alltäglichen entdecken und feiern. Sehen, hören, riechen, tasten und schmecken, beinhalten jenes unerschöpfliche Potential, das sich uns im Einfachen eröffnet. Im aufmerksamen Wahrnehmen und Entfalten unserer fünf Sinne erfahren wir Sinn im Leben: jene tiefe Dankbarkeit über den Geschenkcharakter des Lebens. Das Wesentliche ist uns vor-gegeben, wir können es nicht machen, nicht erleisten. Das Spannende ereignet sich im Aufrechterhalten eines kreativen Lebens, das sich mir im Rhythmus von Zupacken und Geschehenlassen schenkt. Tiefe Dankbarkeit zieht Kreise, steckt auch andere an, verantwortungsvoll mit sich selbst, anderen und der Schöpfung umzugehen.

Ausruhen beim Abendmahl

Eine offene Hand hält ein kleines Stück Käse,
nicht mehr und nicht weniger.
Eine von der harten Arbeit geformte Hand
weist über sich hinaus, weil wir alle viel
mehr sind als unsere Leistung.
Zwei Hände, die eine kämpferische Gelassenheit
ausdrücken: Zupacken und Geschehenlassen.

Eine Schale Milch erzählt vom Lebensnotwendigen,
das für zu viele Menschen nicht selbstverständlich ist.
Eine Schale Milch lädt ein zum Auskosten und Genießen.
Ein Schale Milch wird im Teilen zur segnenden Kraft.

Ein großer Tisch führt Menschen zusammen zum Ausruhen
beim Abendmahl, das nährt an Leib und Seele.
Ein starker Tisch, der viel Last und Sprachlosigkeit erträgt.
Ein breiter Tisch, der Menschen stärkt für den Aufbruch ins
Heute.

Abhängig und doch frei

Eine geerdete Spiritualität der Dankbarkeit setzt sich auch mit den Fallstricken auseinander, die uns in ungesunde Abhängigkeiten führen können. Jene einengende Lebensmuster, in denen ich mich abwerte, weil ich ewig den anderen dankbar sein muss; im Extremfall entschuldige ich mich unterwürfig durch meine Wortwahl, durch meine Körperhaltung ein Leben lang für mein Dasein. Schrecklich! Befreiende Dankbarkeit nährt unser Selbstvertrauen und lehrt uns, dass Beziehungen sich im Annehmen einer gegenseitigen Abhängigkeit entfalten können.

Wahre Selbstständigkeit findet sich im Einseins von Geben und Nehmen. Jede andere Selbstständigkeit ist Illusion. Jede und jeder von uns braucht andere, um sich selbst zu werden und um liebend unterwegs sein zu können. Entscheidend ist, dass ich Anerkennung nicht nur von den anderen erwarte, sondern sie auch mir selber zusprechen kann. Voller Dankbarkeit im Leben stehen, heißt die Gaben, die Talente, die mir geschenkt sind, in mir zu entdecken und freizulegen, um sie selbstbewusst einbringen zu können. Ich warte nicht auf die Erlaubnis, die andere mir geben, sondern ich bringe mich ein mit meinen Fähigkeiten. Ich antworte auf die geschenkten Gaben, in dem ich Verantwortung übernehme und mein Licht leuchten lasse. Ich setze mich dem Leben aus und akzeptiere, dass ich Zustimmung und Kritik ernten werde. Dieser bleibenden Spannung verdanke ich gesunde Beziehungen, die sich in Nähe und Distanz verwirklichen.

Meine Einmaligkeit bewahren

Inmitten
einer großen Gemeinschaft
mich selber werden
meine Einzigartigkeit nicht verstecken

Inmitten
einer Vielfalt von Meinungen
meinen Standpunkt einbringen
mein Wachstum nicht behindern lassen

Inmitten
einer Fülle von Eindrücken
meine innere Ruhe finden
dankbar über mich selber hinauswachsen

Sich dem Leben dankend in die Arme werfen, ist ein lebenslanger Vertrauensakt. Da begegne ich meiner Sehnsucht, meinen Ängsten und Widerständen, meiner Lebensfreude und meinen Kränkungen und Enttäuschungen. Mitten in diesem Auf und Ab bin ich herausgefordert zu vertrauen, dass das Leben mir immer wieder das bereithält, was mich zutiefst nährt und beglückt.

Dieses Urvertrauen können wir auch buchstabieren angesichts all der Widerwärtigkeiten, die uns das Leben zumuten kann. Dankend im Leben voranschreiten, ist manchmal ein langer und heilender Wachstumsprozess. Ich rede mir nicht ein, dass alles schön und gut ist. Ich werde gestärkt, Verletzungen und Ungerechtigkeiten wahrzunehmen und auszudrücken, um irgendwann tief zu erfahren, dass ich mehr bin als all dieser Schmerz, diese Wut. Ich kann trotz allem am Schweren wachsen und reifen, meine durch-kreuzten Lebenspläne können mich durch die Verwundungen hindurch in einen Neuanfang führen, der gut in einem Vertrauenswort aufgehoben ist: DANKE!

Schönheitssuche

Mitten in den Ereignissen des Lebens
suche ich Deine ordnende Schönheit
die von Deiner Gegenwart in allem erzählt
die mein Urvertrauen wachsen lässt

Mitten in der Härte des Lebens
suche ich eine Spur zu Deiner Schönheit
damit ich nicht zerbreche am Schweren
sondern daran wachsen und reifen kann

Mitten im anspruchsvollen Arbeiten
lasse ich mich zum Innehalten bewegen
um Deine Schönheit zu feiern
die aufscheint in unserem Sein

Mitten im Genießen des Lebens
tauche ich ein in den tieferen
Grund aller Schönheit
in Dich liebende Mitte

Umarmt

Umarmt
von der schöpferischen Gegenwart Gottes
den Baum des Lebens wahrnehmen
der Gemeinschaft stiftet
zum Solidaritätstanz bewegt

Umarmt
von der Auferstehungskraft
den Baum des Lebens erkennen
der Hand in Hand
mit dem ganzen Kosmos
Zukunft schenkt

Umarmt
von der heilenden Geistkraft
den Baum des Lebens ertasten
Lebensatem in allem
der erzählt von der Ewigkeit
die zum Augen-Blick bestärkt

Deine Schönheit feiern

Im Einklang mit sich selber sein
atemberaubendes Staunen
schmerzvolle Zerbrochenheit
beglückende Begegnung
unerklärliches Aufgehobensein

Im Einklang mit sich selber sein
Kontrollmechanismen aufweichen
sich dem Liebesfluss anvertrauen
Raum und Zeit nicht mehr wahrnehmen
innerstes Ergriffensein erfahren

Im Einklang mit sich selber sein
sein wahres Gesicht erkennen lassen
Konflikte nicht mehr länger verschweigen
schmerzvoll seine Grenzen eingestehen
befreit zum authentischen Dasein

Im Einklang mit sich selber sein
Deine Schönheit feiern
als verbindende Lebenskraft
die in unserem Innersten
immer schon auf uns wartet

Alpsegen

Du
bist der Schöpfer unserer Welt
Dich loben wir mit Leib und Seele
am Ende dieses Tages

Du
bist der Grund unserer Hoffnung
Dir danken wir für all das Wunderbare
Dir überlassen wir all die ungelösten Fragen

Du
bist die Mitte unseres Lebens
Dir vertrauen wir unser Leben an
unsere Freude und unsere Sorgen

Du
bist die segnende Kraft unseres Daseins
die uns erfüllt mit Vertrauen
in Deine Gegenwart in allem

Erinnere Du uns jeden Abend
dass Dein heilender Geist
auch in unserem Schlaf in uns atmet
und uns verbindet mit Schöpfung und Kosmos

Im Ewigen verwurzelt

Was ich bin, wäre ich nicht ohne meine Eltern, Geschwister, Freundinnen und Freunde, Lehrer, Weggefährten und Wegbegleiterinnen. Aufatmende Dankbarkeit ereignet sich, wenn ich einmal aufschreibe, welchem Menschen ich was verdanke. Ich gönne mir diese Standortbestimmung, in dem ich mir einen ruhigen Ort aufsuche, um mein Leben durchschreiten zu können. Ich schließe die Augen und begebe mich auf eine innere Reise, die mich zu den Menschen führt, denen ich vieles verdanke. Ich bin nicht überrascht, wenn ich nicht nur Dankbarkeit spüre, sondern auch wahr-nehme, was ich mir anders gewünscht hätte, was mir nicht gut getan hat. In der französischen Sprache heißt eine Ausdrucksform von Dankbarkeit „être reconnaissant". Es bedeutet, anerkennen zu können, was mir geschenkt wurde, was mich stärkt und nährt im Leben und zugleich auch erkennen zu dürfen, was lebensbehindernd ist. Echte Dankbarkeit beinhaltet Lob und Kritik, wie dies Dorothee Sölle (1929–2003) in ihrem Brief an ihre erwachsenen Kinder so befreiend ausdrückt. Sie macht ihnen Mut, Gott manchmal zu loben, nicht immer, das tun nur Schwätzer und Höflinge Gottes, sondern in den Momenten, in denen „das Glück ganz von selbst in die Dankbarkeit fließt". Dankbar für mein Leben sein, bestärkt mich zur Versöhnung mit meiner Geschichte. Es ist mir aufgetragen, das Helle und Dunkle, Schwere und Leichte benennen zu können, weil beides zu jedem Wachstum und Reifen gehört. Mystikerin und Mystiker bin ich, wenn ich erlebe, wie „Gott drin ist" in meinem Leben. Diese Verwurzelung befreit mich zum lachenden Gang, weil ich erwartet und berührt werde vom Ewigen, längst bevor ich suche.

Schönheitsfunken

Du bist der Grund meines Urvertrauens
hältst unsere Sehnsucht wach
in der heilsamen Erinnerung
an unsere ursprüngliche Schönheit
die unsere Ausstrahlung bewirkt

Du brichst unsere einengenden
Schönheitsvorstellungen auf
öffnest unsere Augen und unser Herz
für die vielen Schönheitsfunken
die uns zum staunenden Dasein befreien

Du offenbarst Deine Schönheit
in der erotischen Kraft der Liebenden
die dich ganzheitlich erfahren
im zärtlich-leidenschaftlichen Spiel
das zur Hingabe an die Liebe bewegt

Du weitest unseren Blick
für Deine wunderbare Schöpfung
die uns mit innerer Kraft erfüllt
für eine gerechte Verteilung aller Güter
für einen einfachen Lebensstil

Schönheitsspuren

Aufblühende Menschen
versöhnende Hände
strahlende Kinder
zärtliche Begegnungen
erzählen von Deiner Schönheit

Beherztes Dasein
kämpferischer Aufbruch
aufatmendes Innehalten
staunende Dankbarkeit
erzählen von Deiner Schönheit

Befreiender Tränenfluss
aufgebrochene Ohnmacht
unaufhaltsame Hoffnungskraft
teilende Menschen
erzählen von Deiner Schönheit

Deine Schönheit ist nicht fassbar
sie ist schon mitten unter und in uns

Über den Autor

Pierre Stutz, spiritueller Autor und Begleiter.
Langjährige Erfahrung in Jugendseelsorge und Erwachsenenbildung.
Ausbildung im Sozialtherapeutischen Rollenspiel.
Autor vieler erfolgreicher Bücher zu einer engagierten Spiritualität im Alltag – www.pierrestutz.ch – rege Kurs- und Vortragstätigkeit im ganzen deutschsprachigen Raum, lebt in Lausanne.